Langevin et le rationalisme: le savant hors de la tour d'ivoire

Éliane Montel

Édition : BoD · Books on Demand, 31 avenue Saint-Rémy, 57600 Forbach, bod@bod.fr
Impression : Libri Plureos GmbH, Friedensallee 273, 22763 Hamburg (Allemagne)
ISBN : 978-2-3225-7145-1
Dépôt légal : Juin 2025

LE SAVANT HORS DE LA TOUR D'IVOIRE

A l'aube de la Troisième République française, Montmartre, quartier de Paris encore faubourien, attirait les visiteurs par le charme de ses maisonnettes étagées sur les pentes de la butte et nichées au coeur d'un fouillis de verdure plein d'imprévu et de fantaisie. La population en était composée surtout d'ouvriers, d'artisans, et de nombreux poètes et artistes dont beaucoup devaient devenir célèbres. Certains habitèrent, en leurs débuts, le fameux Bateau-lavoir, curieuse bâtisse en partie construite en bois, dont les étages supérieurs étaient adossés à la maison natale de Paul Langevin, située au numéro 13 de la rue Ravignan[1]. Né le 23 janvier 1872, l'enfant manifesta très tôt une vive intelligence, et grandit harmonieusement, avec ses deux frères, dans un foyer modeste mais cultivé. Son père, fils d'un artisan-serrurier, avait fait jusqu'à dix-sept ans de brillantes études secondaires, puis s'était brusquement engagé pour une très longue période militaire avant de rentrer à Paris où il était métreur-vérificateur. Il sut inspirer à son fils le goût de savoir et celui du travail bien fait. Sa mère, qui avait passé plusieurs années comme institutrice en Angleterre, était la petite-nièce du Docteur Philippe Pinel

(1745-1826), qui avait mené une courageuse campagne afin que les aliénés ne fussent plus traités comme des criminels, mais comme des malades. Bien des années après qu'elle eût disparu, Paul Langevin n'évoquait jamais sans émotion le souvenir de cette mère dévouée jusqu'au sacrifice, près de qui il avait étudié avec passion, dans une paisible et tendre atmosphère, les livres que souvent elle lui achetait sur de difficiles économies. Cette intelligence précoce et cette passion furent récompensées dès sa prime jeunesse par de brillants succès scolaires. Entré sur concours à l'âge de onze ans à l'Ecole primaire supérieure Lavoisier, Paul Langevin est désigné dès quinze ans comme candidat à l'Ecole de Physique et de Chimie industrielles fondée depuis peu par la Ville de Paris. Dans l'année de préparation, ses connaissances sont déjà si sûres que parfois le professeur de mathématiques l'envoie au tableau faire à sa place certaines démonstrations délicates dont il se tire avec une surprenante aisance. Cette période est marquée aussi par la naissance d'une de ses plus étroites amitiés, celle de son camarade <u>Georges Urbain</u>, qui deviendra un chimiste renommé: les deux adolescents se complètent à merveille, l'un plus profond et plus mûri, l'autre admirablement doué pour tous les arts.

Tous deux, amoureux de la nature, se détendent en de longues randonnées au sein de la vaste forêt de Fontainebleau, où Paul Langevin aimera toujours revenir. Entré brillamment premier à l'EPCI dès seize ans, il se classe constamment en tête de sa promotion: les quelques compositions de mathématiques pieusement conservées de ce temps-là, rédigées avec un soin minutieux et une remarquable clarté, portent presque toutes la note maximum. Au contact du jeune chef de travaux de physique Pierre Curie, qui reçoit volontiers ses élèves dans son laboratoire pour les initier à ses belles recherches personnelles, Paul s'enthousiasme pour la science, et, par cette influence décisive, s'affirme une vocation déjà toute prête à éclore: il renonce à l'industrie, et se consacrera à la recherche et à l'enseignement. Au sortir de l'Ecole, tout en donnant des leçons pour décharger ses parents, il prépare en Sorbonne la licence de physique, qu'il obtient au bout d'un an ; puis une rencontre fortuite l'incite à se présenter à l'Ecole normale supérieure. Il hésite, n'ayant jamais fait de latin ni suivi la préparation spéciale à ce difficile concours. Pourtant, après quelques mois d'un travail solitaire intensif (dont deux heures par jour de latin), il enlève encore une fois aisément la première place, avec une note honorable à une version de Cicéron — ce à quoi les autres candidats s'étaient préparé durant sept ou huit années ! — ; à l'oral, il stupéfie les membres du jury par une érudition tout à fait exceptionnelle. Son interrogateur Marcel Brillouin le rappelait encore un demi-siècle plus tard dans le message qu'il fit parvenir au Jubilé de son ancien élève:

"Que je pense souvent, dans ma quasi-solitude rurale, aux années où j'ai eu le plaisir de vous interroger, pour l'entrée à l'ENS, sans pouvoir trouver une limite à l'étendue, à la clarté, à la précision de vos connaissances, acquises

par vous à l'Ecole que vous dirigez maintenant et par la conversation avec le bien regretté Pierre Curie".

A l'Ecole normale, sa solide formation antérieure lui laisse le loisir de passer beaucoup de temps dans la riche bibliothèque, et au laboratoire. Tout de suite il aide Jean Perrin (alors en troisième année) dans ses recherches sur les rayons cathodiques. De ce moment date l'amitié qui les liera toujours en dépit des profondes différences de leurs caractères. Et il se plonge avec avidité dans des lectures approfondies sur les sujets les plus divers, mémoires scientifiques originaux aussi bien que textes littéraires, historiques ou philosophiques, dont il retire encore un très grand enrichissement. Car sa capacité de lecture et d'assimilation est telle que ses camarades ont peine à croire qu'il ait pu lire des livres si vite restitués à la bibliothèque: avec malice il prend alors plaisir à leur rendre compte de telle page qu'ils choisissent au hasard. Tous ses condisciples, littéraires comme scientifiques, garderont un vivant souvenir de cet exceptionnel cacique, si érudit, au caractère à la fois si profond et si plein d'humour.

Clôturant ce magnifique cycle d'études par un brillant succès à l'Agrégation en 1897, il reçoit en récompense, de la Ville de Paris, une bourse d'études pour un séjour d'une année en Angleterre. Il choisit le très réputé Cavendish Laboratory de Cambridge, qui était alors l'un des foyers de recherche les plus actifs, animé par Joseph John Thomson. Tout de suite adopté par le maitre et par ses élèves dans une confiante atmosphère de travail en commun, il liera avec plusieurs d'entre eux d'étroits et durables liens d'amitié, notamment avec Rutherford, et aussi avec Townsend, Wilson, Richardson, qui tous deviendront bientôt des physiciens notoires. Et plus tard il recevra, des grandes Universités anglaises, nombre de distinctions des plus honorifiques. Pour tous ceux qui la vécurent, cette exaltante période de la science laissa un souvenir extraordinaire: car les découvertes retentissantes de cette fin de siècle, celle des rayons X par Röntgen et celle de la radioactivité par Becquerel puis par Pierre et Marie Curie, suscitaient de nombreuses expériences qui venaient étayer constamment les données encore incertaines de la théorie atomique. Cette incessante fécondation réciproque de l'expérience et de la théorie, à laquelle Paul Langevin apportera durant toute sa carrière des contributions de tout premier ordre, il la mettra souvent en relief dans de remarquables conférences scientifiques et philosophiques, dont quelques-unes seulement sont conservées. A Cambridge, où Joseph John Thomson venait précisément de mesurer avec Townsend la charge négative de l'électron, se multipliaient les expériences sur les ions gazeux. Paul Langevin y apporte une contribution essentielle en mettant en évidence le rayonnement secondaire émis par les métaux sous l'action des rayons X, et en montrant que cette émission est une propriété atomique indépendante de l'état de combinaison du métal. Puis il s'oriente vers l'étude générale des propriétés des ions, qu'il poursuivra à Paris pendant plusieurs années: sujet auquel il ne cessera jamais de s'intéresser. Il développe à cette occasion des considérations de théorie cinétique dont il déduit mainte conséquence dans la solution de problèmes tels que chocs entre particules, mouvement brownien, phénomènes généraux de fluctuation... L'étude de la conductibilité de l'air atmosphérique l'amène à la découverte des gros ions, dont il interprète le mécanisme de formation par fixation de charges électriques sur les poussières et sur les gouttelettes en suspension. Il en déduit, du point de vue thermodynamique, que la couche supérieure de nuages doit être distante de la couche inférieure de plusieurs kilomètres, la condensation ne pouvant s'effectuer que quand la vapeur d'eau à très basse pression redevient sursaturante. De même, la recombinaison des ions variant en raison inverse de la pression, on doit trouver à très haute altitude une couche formée de charges libres des deux signes, donc très conductrice (couche de Heaviside).

Toute la première partie de ces travaux, celle qui concerne l'étude de la mobilité, de la recombinaison et de la diffusion des ions gazeux dans des conditions variées de température et de pression, fut réunie en 1902 en une thèse de doctorat qui classa d'emblée le jeune physicien parmi les meilleurs de l'époque. Joseph John Thomson, à qui il avait dédié cette thèse, dira de ce beau travail en remerciant son auteur: "C'est un merveilleux spécimen de l'union de la science et de l'art". Il avait fallu en effet à Paul Langevin, en ces temps héroïques où l'équipement des laboratoires était des plus rudimentaires, des miracles de patience et d'ingéniosité pour effectuer, avec des appareils aussi peu fidèles que peu précis, les plus délicates expériences d'électrométrie. De plus, chose exceptionnelle, tous les résultats étaient analysés de manière approfondie du point de vue théorique.

Dès sa soutenance, cette brillante thèse fait appeler le jeune physicien, par le professeur Mascart, à le suppléer au Collège de France, où il lui succèdera en 1909 dans la chaire de physique expérimentale. En cette maison de très haute culture, où tout enseignement porte chaque année sur les plus récents travaux du professeur titulaire ou sur des sujets connexes, Paul Langevin s'affirme très vite comme un professeur aux dons d'enseignement hors de pair. Edmond Bauer[2] évoquera plus tard ce premier cours en ces termes:

"Non seulement les idées théoriques étaient exposées d'une façon lumineuse, mais encore toutes les expériences de recherche étaient (re)faites au cours devant nous: toutes les mesures, celles de la mobilité, du coefficient de diffusion des ions, de la charge absolue d'un ion (la première mesure qui a permis d'atteindre le nombre d'Avogadro d'après Wilson et Joseph John Thomson) étaient effectuées sans truquage. C'était extraordinaire!"

Devant un auditoire intensément attentif de physiciens, de mathématiciens, de philosophes, dont certains sont ses collègues et souvent ses aînés, il développe avec une générosité totale le détail de ses travaux personnels — dont il ne publie qu'une faible partie — et fait en même temps, année après année, la mise au point magistrale des plus récents progrès de la physique. Voici l'émouvant témoignage qu'une fois révolu ce cycle de près de quarante années, en donnera celui qui, de tous les auditeurs, y avait été le plus fidèlement assidu, le grand mathématicien Jacques Hadamard[3]:

"Par Langevin et — je puis dire — par lui seul, (nous avons) été tenus au courant de la marche, ou plutôt de la course folle de la physique contemporaine... Cet enseignement fut peut-être le plus magistral que j'ai connu parmi les très grands maîtres qu'il m'a été donné d'entendre... Un des aspects (les plus) impressionnants fut pour moi la sûreté et la puissance avec laquelle le maître utilisait l'outil mathématique. Avouerai-je que nous, mathématiciens, avions souvent à apprendre de Langevin. Et, à travers cette précision scientifique, on sentait une flamme, flamme alimentée par l'amour de la science, mais dont le rayonnement faisait, à travers le savant, deviner l'homme que nous avons connu, pénétré de toutes les idées générales et généreuses".

Parallèlement à ce haut enseignement du Collège, Paul Langevin en accepte d'autres plus classiques: en 1905, il remplace Pierre Curie dans le cours d'électricité générale là où il prendra bientôt la direction des études. Et peu après, il se dévoue pour aller chaque semaine jusqu'à Sèvres où, aux élèves de l'Ecole normale supérieure de jeunes filles, il révèle les beautés insoupçonnées d'une physique dont elles ne connaissaient que l'énoncé de lois bien dépourvues d'attrait.

"Ma joie d'enseigner, dira-t-il à la fin de sa vie, n'a jamais été plus grande qu'à l'Ecole de Sèvres où, pendant plus de vingt-cinq ans, j'ai profondément ressenti avec quelle ferveur ces auditoires de jeunes filles accueillaient les idées nouvelles et reconnaissaient, par une attention soutenue, les efforts faits pour leur ouvrir les portes du temple de la science un peu plus largement que ne le prévoyaient les programmes officiels[4]."

Mais devant cette ferveur se douta-t-il jamais, dans sa modestie extrême, de tout ce qu'ajoutait, au don spirituel de son enseignement, ce charme personnel auquel furent sensibles tous ceux qui l'approchèrent, et plus particulièrement les âmes féminines. C'est ce que <u>Madame Cotton</u>[5] exprimera en ces termes:

"De leur maître Paul Langevin, les élèves de Sèvres gardent un souvenir impérissable... Les images préparaient les raisonnements dans une langue élégante et claire, servie par une admirable diction... Sans notes, la main gauche dans sa poche, (il) couvrait peu à peu le tableau de calculs impeccables, disposés avec une élégance qui faisait notre admiration. On avait, en suivant cette belle ordonnance des équations, cette voix si bien timbrée et ce regard profond..., le choc intérieur qui révèle la perfection."

Il est certes aisé de comprendre que toute une lignée de grands physiciens français soit née sur ces bancs d'Ecoles ou sur ceux du vieil amphithéâtre qui, pendant tant d'années, furent témoins d'un tel enseignement. Parmi les disciples, un <u>Joliot</u>, un Louis de Broglie, pour ne citer que les plus notoires... Mais combien faut-il regretter que presque rien n'ait subsisté de ces admirables leçons! Combien plus vivante que tous les traités classiques serait cette histoire de la physique si merveilleusement contée au jour le jour, dans l'une des périodes les plus passionnantes de son évolution, par l'un de ses artisans les plus glorieux! Mais ce que nous devons souligner dès maintenant, c'est qu'à ce don d'enseignement s'alliait chez Paul Langevin la conception la plus généreuse de son rôle d'éducateur. Ceci explique qu'il se pencha toujours avec le plus bienveillant intérêt sur les enseignants les plus modestes, les instituteurs, si admirablement dévoués à leur tâche mais très isolés dans leur cadre. Non seulement il se sentait envers eux une dette personnelle de reconnaissance, mais il eut très tôt une conscience aiguë des graves défauts de l'enseignement français. En particulier, la formation cloisonnée qui séparait, tout au long de leur carrière, les maîtres du primaire de ceux du secondaire et du supérieur lui apparaissait comme tout à fait défavorable au développement de leur culture générale, et par conséquent à leur fonction. Et nous verrons quelle importance croissante Paul Langevin attachera à la culture populaire.

Pendant ses années d'Ecole normale et lors de son séjour à Cambridge, Paul Langevin avait acquis une large et précise connaissance de toutes les théories nouvelles sur la structure granulaire de l'électricité et la théorie électromagnétique. Dès les premières années de son enseignement au Collège de France, il réfléchit longuement à ces sujets qui sont au coeur de la physique et qu'il expose dans ses cours. Aussi, dès 1904, se voit-il désigné pour représenter la France au Congrès international des sciences et des arts de Saint-Louis (USA), en même temps que le célèbre Henri Poincaré, son maître et ami, de vingt ans son aîné. Dans un vaste rapport sur *La Physique des électrons*, il fait avec une clarté et une maîtrise étonnantes le point sur tous les progrès récents, précisant les données acquises et aussi les difficultés ou les obscurités qui subsistent. Comme dans son enseignement, il inclut dans son exposé le résultat des réflexions personnelles auxquelles l'a conduit cette notion d'électron. Parmi ces résultats se trouve — brièvement indiqué au passage — ce qui constituera l'une de ses plus belles constructions: la théorie du magnétisme, qu'il publiera l'année suivante. En raison de son importance fondamentale, nous en rappellerons l'essentiel. Reprenant une idée d'Ampère et assimilant une orbite électronique à un petit aimant, il donne l'explication générale des propriétés des corps dia- et paramagnétiques, et retrouve toutes les lois qui avaient été établies expérimentalement par Pierre Curie. Sous l'action d'un champ magnétique, l'électron circulant sur son orbite subit un effet d'induction qui tend à s'opposer à ce champ. Le diamagnétisme est donc un phénomène absolument général, une propriété atomique sensiblement indépendante de la température ; et la susceptibilité peut en être calculée en fonction du nombre des électrons de l'atome et des dimensions de leurs orbites.

Par une pensée intuitive comme il en manifestera souvent, Paul Langevin postule, pour ce calcul, la stabilité des orbites électroniques, ce qui se trouvera confirmé par la théorie de <u>Bohr</u> quelques années plus tard. Et la formule de la constante diamagnétique ne sera pas modifiée non plus par l'introduction ultérieure de la notion de spin qui ne correspond pour l'électron à aucun effet d'induction supplémentaire. Dans certaines substances dont les édifices moléculaires ont un moment résultant non nul, l'effet diamagnétique, toujours très faible, est masqué par le phénomène plus intense du paramagnétisme. Pour rendre compte de cette propriété, Paul Langevin introduit un mode de raisonnement nouveau, qui se montrera particulièrement fécond. Quand les molécules, mobiles sous l'effet désordonné de l'agitation thermique, sont placées dans un champ magnétique, il s'établit un équilibre entre les deux effets antagonistes, et l'action orientante du champ est d'autant plus marquée que la température est plus basse. Cette théorie a suscité un nombre considérable de travaux dans des domaines très divers. C'est par l'orientation moléculaire que <u>Debye</u> a pu ultérieurement, en admettant les molécules porteuses d'un moment électrique, établir la théorie des diélectriques d'où ont découlé de grands progrès dans la connaissance de la structure des molécules. Paul Langevin a pu lui-même interpréter de la même manière la biréfringence électrique découverte expérimentalement par

Kerr, et la biréfringence magnétique découverte par Cotton et Mouton. Si sa théorie ne rend pas compte du ferromagnétisme, il a cependant ouvert la voie aux travaux de Pierre Weiss sur ce sujet, en suggérant qu'il faudrait, pour l'interpréter, tenir compte des actions intermoléculaires. L'une des conséquences les plus importantes de ce bel édifice théorique est la réalisation de très basses températures par le procédé de désaimantation adiabatique d'une substance paramagnétique. La théorie prévoit que cet effet doit être d'autant plus important que le champ magnétisant était plus intense et la température initiale plus basse. La réalisation, fort délicate, a pu être menée à bien par De Haas qui, en 1925, a obtenu une température de 0,25 degrés Kelvin. La même méthode permet aujourd'hui d'atteindre 0,001 degrés Kelvin. Il est inutile de souligner l'importance essentielle qu'a prise, dans de très nombreux domaines de la recherche fondamentale moderne, la réalisation des T.B.T.[6]. Le vaste exposé d'ensemble sur *La physique des électrons* — qui ouvre l'unique recueil de conférences scientifiques publié par Paul Langevin sous le titre *La physique depuis vingt ans* (Doin, Paris, 1923) — ne peut guère être détaillé ici, mais nous devons en indiquer les grandes lignes afin de faire mieux apprécier combien cette mise au point s'est révélée riche de conséquences, tant dans l'acheminement vers la relativité toute proche, que dans ses répercussions d'ordre philosophique.

Paul Langevin rappelle l'ensemble des faits expérimentaux et théoriques par lesquels se trouvait alors, d'une part défini l'éther, ce milieu homogène et vide de matière dont l'état résultait de la connaissance en chaque point des champs électrique et magnétique, d'autre part solidement établie l'existence de l'électron, partie la plus mobile de la matière, région singulière de l'éther, entouré de son champ électrique. Par le mouvement de l'électron, les champs électrique et magnétique s'engendrent mutuellement et, conformément aux lois établies par Hertz et par Maxwell, se propagent dans l'éther à la vitesse de la lumière. Etudiant comment varie le sillage électromagnétique qui accompagne la particule électrisée en mouvement lorsqu'on lui communique une accélération, il retrouve par un raisonnement très simple un résultat remarquable qui avait été signalé par Joseph John Thomson : la modification du sillage correspond à une inertie électromagnétique liée à l'électrisation de la particule et proportionnelle au carré de sa charge. Puis, par un procédé de calcul hamiltonien, il montre que pour une vacuole sphérique chargée en surface, cette inertie varie avec la vitesse v suivant une loi qui dépend de la modification apportée à la forme de la particule par la variation de v : il retrouve ainsi la contraction de Lorentz. Etudiant ensuite au moyen du potentiel retardé de Lorentz la distribution des champs à une distance donnée d'une particule soumise à une accélération, il décompose ces champs en onde de vitesse rapidement décroissante quand la vitesse augmente, et onde d'accélération décroissant comme l'inverse de la distance. A grande distance, cette dernière subsiste donc seule, et constitue le rayonnement émis par la particule. Ainsi, radiation implique accélération, et l'onde rayonnée représente une énergie supplémentaire à celle qu'il a fallu fournir pour accroître l'énergie cinétique — et d'ailleurs très faible par rapport à celle-ci. Avec le problème inverse, celui de la dynamique des électrons, Paul Langevin aborde le coeur des difficultés rencontrées au sujet très controversé des relations entre l'éther et la matière. Analysant les multiples essais jusqu'alors tentés pour représenter les phénomènes de l'optique et de l'électromagnétisme à partir des notions mécaniques de masse et de force, il montre que ces tentatives conduisent nécessairement à des contradictions insolubles. Avec une grande hardiesse, il avance donc l'affirmation que, dans ce domaine, notre mode de penser est inadéquat: il faudra renoncer à envisager le système éther — matière comme un système mécanique, à penser l'éther en matière. Et c'est sur cette affirmation renouvelée avec vigueur qu'il concluera ce magistral exposé:

"Déjà toute l'optique, non seulement de l'éther, mais aussi de la matière, source et récepteur des ondes lumineuses, reçoit une interprétation immédiate que la mécanique s'était montrée impuissante à lui donner ; et cette mécanique elle-même apparaît aujourd'hui comme une première approximation, largement suffisante dans tous les cas de mouvement de la matière prise en masse, mais dont une expression plus complète doit être cherchée dans

la dynamique des électrons. (Cette) notion d'électron, de centre électrisé mobile, que l'expérience nous permet aujourd'hui de saisir individuellement, a pris en peu d'années un développement immense, qui lui fait briser les cadres de l'ancienne physique et renverser l'ordre établi des notions et des lois pour aboutir à une organisation qu'on prévoit simple, harmonieuse et féconde."

Ces conclusions, d'une grande portée philosophique, produisirent une forte impression sur les congressistes. Toutefois, si les jeunes collègues, comme Rutherford, saluèrent avec enthousiasme ces vastes perspectives ouvertes à l'avenir de la science, les physiciens chevronnés furent beaucoup plus réticents: renoncer à la suprématie de la mécanique newtonienne qui, pendant deux siècles, avait été considérée comme le modèle de toutes les constructions de l'esprit, cela représentait un effort auquel beaucoup ne pouvaient se résoudre aisément, et qui pourtant allait bientôt s'imposer avec une évidence accrue. Dans *La physique des électrons*, Paul Langevin avait également mentionné une hypothèse séduisante qu'il avait déduite de l'inertie électromagnétique : toute l'énergie d'une particule pourrait bien être d'origine électromagnétique. Bientôt ses réflexions dans cette voie devaient le conduire à préciser cette idée. Edmond Bauer raconte qu'il fut un jour bien stupéfait en l'entendant lui dire:

"Je crois que je suis en possession d'une loi fondamentale. L'inertie est une propriété de l'énergie. Toute la masse des corps est proportionnelle à leur énergie

interne, elle est égale à cette énergie divisée par le carré de la vitesse de la lumière[7]."

Dans le feu de cette découverte, Paul Langevin, qui était si peu enclin à publier ses travaux, fut tenté de la faire connaître ; mais il en fut dissuadé par tous ses amis physiciens (dont Jean Perrin), qui la jugèrent trop téméraire! Or quelques mois plus tard, en 1906, alors qu'il avait développé sa démonstration sous une forme plus générale que dans le seul cas de l'électron, Bauer lui apporta un numéro des *Annalen der Physik* dans lequel était énoncée « sa » loi : $m = E/(c^2)$. Il prit aussitôt connaissance des premiers mémoires d'Einstein[8], et, y trouvant le « principe de relativité », il en aperçut immédiatement la portée considérable : il y avait là la clef de tant d'expériences vainement tentées jusqu'alors pour mettre en évidence le mouvement absolu — en particulier celle de Michelson, pourtant de très grande finesse. Enthousiasmé par ces perspectives, Paul Langevin se fait l'ardent défenseur du nouveau principe, et y apporte bientôt des contributions essentielles.

Poursuivant ses réflexions sur l'identité de la masse et de l'énergie, il en tire une conséquence fort séduisante en montrant qu'ainsi vient peut-être de se réaliser ce vieux rêve de l'esprit humain qu'est l'unité de la matière : si les atomes se forment par condensation à partir du plus léger d'entre eux, celui d'hydrogène, les écarts des poids atomiques par rapport à des nombres entiers s'expliqueraient par le fait que cette condensation s'accompagne d'émission d'énergie rayonnante. Cette hypothèse devait recevoir une éclatante confirmation par les découvertes ultérieures de l'astrophysique : en particulier, elle permit d'expliquer la progressive diminution de masse des étoiles au cours de leur évolution. Le phénomène de dématérialisation découvert plus tard devait montrer que cette diminution de masse est, en fait, beaucoup plus rapide encore. Enfin, pour faire comprendre le paradoxe du temps propre indiqué par des horloges initialement identiques, liées à des systèmes mis en mouvement les uns par rapport aux autres, le jeune savant imagine la merveilleuse aventure du voyageur de Langevin, qu'il narrera en détail au congrès de Bologne en 1911[9]. Ainsi, par son extraordinaire maîtrise de toute la physique de son temps, par la perspicacité de son intuition et la hardiesse de sa pensée, Paul Langevin prend place, à l'apogée de l'électromagnétisme classique, dans la lignée des grands créateurs de cette théorie, et se situe très précisément à l'articulation de ce que Kouznetsov appelle la « préhistoire de la relativité »[10], et de l'histoire de cette synthèse nouvelle dans laquelle il allait occuper une place de tout premier plan.

Au moins aussi déterminant que sa contribution personnelle à la synthèse relativiste apparaît le rôle joué par Paul Langevin dans sa diffusion en France, non seulement par des cours et séminaires plus suivis et animés que jamais, mais aussi par de nombreuses conférences dans des réunions scientifiques tant à Paris qu'à l'étranger. En octobre 1911, il est invité à la première réunion internationale de

Bruxelles, organisée sur l'initiative de Max Planck, alors en vive controverse avec des physiciens classiques tels que Nernst, au sujet de l'interprétation du rayonnement au moyen de la notion de quantum d'énergie introduite par lui. Après celle de la relativité, en partie résolue, on abordait une autre grande crise de la physique, celle des quanta. L'année suivante était créé par l'illustre chimiste et industriel Ernest Solvay l'Institut international de physique qui porte son nom, et dont le but était de permettre à tous les savants de confronter périodiquement leurs points de vue sur les nouveaux et difficiles problèmes qui s'ouvraient devant eux. Les réunions devaient en être organisées par un Conseil scientifique dont le président était l'éminent physicien hollandais Hendrik Antoon Lorentz. Dans un très beau rapport sur *La théorie cinétique du magnétisme et les magnétons*, Paul Langevin fait le point de ses derniers travaux en ce domaine, et montre que la quantification des orbites électroniques conduit à la notion de moment magnétique élémentaire - ce qui sera deux ans plus tard le magnéton de Bohr. Au cours des discussions très animées, on remarque particulièrement son acuité d'esprit et l'à-propos de ses interventions : si bien qu'on lui demande de se charger, avec Maurice de Broglie, du délicat et lourd travail du compte-rendu général des réunions. A la joie de retrouver plusieurs de ses anciens maîtres, ainsi que des amis de Paris et de Cambridge, s'ajoute celle de nouer connaissance avec d'autres collègues étrangers, parmi lesquels Einstein. Rencontre d'où devait naître une amitié exemplaire entre deux hommes si bien faits pour se comprendre : même génie créateur, même simplicité d'attitude, même générosité d'esprit et de coeur qui bientôt les unira aussi dans un même ardent amour de la justice et de la paix. Ils ne se rencontrèrent pas assez souvent à leur gré, et ne purent jamais réaliser leur désir de travailler côte à côte dans une paisible intimité ; mais ils s'écrivirent souvent[11] et furent toujours prêts à se manifester leur mutuel dévouement dans les circonstances les plus difficiles. Le premier authentique Conseil Solvay se réunit en octobre 1913 ; peu de temps auparavant, le jeune Niels Bohr, élève de Rutherford, avait créé le modèle d'atome qui porte son nom ; et ce furent encore de bien passionnantes discussions. Mais ces fructueux échanges d'idées allaient se trouver interrompus pour une longue période.

Au début de la guerre de 1914, les physiciens des deux camps, qui entamaient déjà la préparation du deuxième Conseil Solvay, envisagèrent sérieusement de poursuivre les relations scientifiques au-dessus de la mêlée ; mais cette illusion fut de courte durée, car les savants furent bientôt, dans chaque pays, mobilisés pour résoudre des problèmes de science appliquée. Pendant plusieurs mois, Paul Langevin travailla sur des questions de balistique ; puis, devant l'ampleur inquiétante que prenait la guerre sous-marine, on lui demanda d'étudier le difficile problème de la détection en mer, qui s'était déjà posé après la mémorable catastrophe du Titanic en 1912, mais n'avait pas été résolu. A ce moment-là, Richardson avait pensé, d'après un mémoire de Lord Rayleigh sur la directivité d'ondes élastiques de haute fréquence, qu'un faisceau ultrasonore pourrait permettre de détecter par écho les obstacles sous-marins ; mais il n'avait indiqué aucun procédé de réalisation.

Sur une suggestion de l'ingénieur Chilowski, Paul Langevin élucida très vite le problème de l'émission de telles ondes par l'intermédiaire d'un condensateur vibrant, excité sous des fréquences de même ordre, alors courantes en TSF ; mais les résultats furent décevants. C'est alors que, par un trait de génie, il eut en 1916 l'idée d'utiliser pour la réception des ondes élastiques les remarquables propriétés du quartz piézo-électrique, découvertes par Pierre et Jacques Curie et couramment employées en radioactivité dans la mesure des faibles courants. Puis, les essais étant encourageants, il pensa que l'effet inverse, découvert par Lippmann, pourrait servir aussi pour l'émission. Là encore, le problème technique s'avéra très ardu, en raison de la petitesse des effets piézo-électriques, qu'on ne savait pas alors amplifier suffisamment. Et il fallut trois années de patients efforts poursuivis d'abord en laboratoire, puis à l'arsenal de Toulon, avec l'aide des excellents physiciens Fernand Holweck et Marcel Tournier[12], pour obtenir, au moyen d'un triplet quartz-acier en résonance, une puissance convenable pour détecter des obstacles sous-marins à des distances de plusieurs kilomètres. Ces émetteurs devaient prendre le nom d'Asdic, puis de Sonar. On touchait à la fin du grand conflit, et cette ingénieuse technique ne servit pas alors à des fins militaires. Cependant, la sécurité de la navigation par temps de brume était enfin assurée ; et d'autres applications ne devaient cesser de se développer. Pendant plusieurs années, Paul Langevin perfectionna maints détails, ce qui permit notamment d'effectuer le sondage par écho, d'abord à faible profondeur, puis de dresser des cartes générales sous-marines en enregistrement continu. Si la Marine française se désintéressa bientôt de la technique ultra-sonore, celle-ci fut heureusement poursuivie par l'Amirauté britannique, à qui tous les résultats avaient été communiqués. Durant le dernier conflit mondial, les détecteurs furent encore perfectionnés, et des équipes de chasseurs sous-marins furent organisées. Au cours des cérémonies qui eurent lieu à Londres en mai 1947 à la mémoire de Paul Langevin, Lord Alexander put s'exprimer ainsi:

"Comme Premier Lord de l'Amirauté durant la guerre récente, il m'a été donné d'étudier les résultats des travaux de Monsieur Langevin, et d'apprécier tout ce dont nous lui sommes redevables pour les compétences et les efforts qu'il consacra à mettre au point les moyens de détecter un sous-marin en plongée, et à permettre ainsi à nos bâtiments de surmonter la menace mortelle qui pesait sur eux au cours de la guerre marine"[13].

Dans les derniers mois de sa vie, l'assurance avait été apportée au grand savant que les ultrasons avaient permis de gagner la bataille de l'Atlantique et ce lui fut une bien grande satisfaction et une récompense morale combien méritée, à lui qui avait, avec son total désintéressement, décliné l'offre d'une importante rétribution pour son invention. Il ne semble pas, toutefois, qu'il eût décliné le Prix Nobel si celui-ci lui avait été proposé, comme il aurait dû l'être eu égard à la somme de travaux de tout premier ordre dont la science lui est redevable, et à leurs multiples prolongements. La technique ultrasonore, en particulier, s'avéra d'une extraordinaire fécondité. Sans pouvoir mentionner toutes ses applications en physique, chimie, biologie, soulignons l'important emploi du quartz piézo-électrique comme stabilisateur de fréquence dans tous les circuits électroniques, notamment dans certains organes régulateurs des radars ; et la haute précision des mesures de temps réalisées grâce à l'horloge à quartz. Ces recherches ont suscité dans les années récentes deux colloques internationaux : l'un à Rome en juin 1950, l'autre à Paris en septembre 1972 à l'occasion du centenaire de la naissance de Paul Langevin. Il y fut notamment rendu compte de l'étude des ultra-sons de très haute fréquence, confinant aux ondes thermiques ; de celle des phonons et de l'état condensé ; des ondes de surface ; enfin du repérage holographique, dont une application médicale particulièrement intéressante est l'examen interne du corps humain, pour lequel les ultra-sons sont appelés à remplacer les rayons X, dont ils ne présentent pas les dangers.

La cessation des combats de la première guerre mondiale marqua, on le sait, non le retour à une paix véritable, mais le début d'une ère profondément troublée. C'est donc dans un climat peu propice à la sérénité que les intellectuels revinrent à leurs travaux. Au savant dont la générosité de coeur égale la lucidité d'esprit, il n'apparaît désormais plus possible de faire un choix entre ces deux formes d'activité a priori contradictoires : celle, essentiellement intérieure, de l'homme de science, si conforme à son goût profond ; et celle, presque toute extérieure, de l'homme d'action. Paul Langevin ne s'était d'ailleurs jamais enfermé dans une tour d'ivoire, même au début de ce siècle où, dans le calme illusoire d'une paix universelle, le grand essor de la science, et sa propre ascension personnelle étaient si exaltantes. C'est que jamais il n'avait oublié son père « républicain jusqu'au fond de l'âme » et sa mère, qui tous deux, « témoins oculaires de la Commune » (de Paris), lui avaient « mis au coeur l'horreur de la violence et le désir passionné de la justice sociale »[14]. Déjà pendant son séjour à Cambridge, alors qu'avait éclaté en France la fameuse Affaire Dreyfus qui avait soulevé tant de passions jusqu'à l'étranger, il s'était rangé sans hésitation du côté des défenseurs de la justice, et, après son retour, s'était inscrit parmi les premiers comme membre de la Ligue des Droits de l'Homme fondée en cette circonstance.

Quelques années plus tard, lorsqu'apparut le danger d'un conflit dont il voyait avec angoisse se préciser la menace, il suivit avec une attention grandissante les campagnes qui tentaient de faire prévaloir le bon sens, et l'apaisement des passions militaristes. André Langevin rapporte[15] qu'un jour de l'été 1913, son frère et lui, emmenés par leur père à un meeting populaire qui se tenait en plein air près de Paris, y avaient entendu la voix du grand tribun socialiste Jean Jaurès, qui devait être assassiné l'année suivante. Il faut en effet mentionner qu'en dépit des tâches les plus absorbantes, et de circonstances parfois fort pénibles dans sa vie personnelle, Paul Langevin fut toujours pour ses enfants le père le plus tendre et le plus attentif. Il en eut quatre avant la guerre de 1914, puis, beaucoup plus tard, en 1933, un autre fils qu'il n'eut pas la joie de suivre jusqu'à l'âge d'homme. Il put s'occuper tout spécialement de l'éducation de ses deux fils aînés, suscitant leur intérêt pour toutes les manifestations de l'esprit et fortifiant leur santé par de longues courses en pleine nature, où lui-même, marcheur infatigable, trouvait une salutaire détente. Il guida de très près leurs études, et dispensa toute sa vie à chacun d'eux les inépuisables trésors de sa sollicitude, même au prix des plus grands sacrifices.

Au lendemain de la guerre, l'appel de la science était certes à nouveau puissant ; mais des circonstances extérieures liées aux difficultés économiques viennent faire prendre au savant une claire conscience de ses responsabilités de citoyen. Et d'abord dans ses propres fonctions de Directeur des études à l'EPCI. De graves mouvements de grève se succédant depuis plusieurs mois, le gouvernement a décidé de faire appel aux étudiants pour assurer les services publics. Paul Langevin s'élève alors, en opposition avec le Directeur, contre la décision de suspendre les cours, et adresse au journal socialiste *L'Humanité* une lettre pour appuyer ceux des étudiants qui refusent de se laisser enrôler comme briseurs de grève. Quelques mois plus tard, il prend à nouveau position publiquement dans une affaire encore plus grave. Un tribunal militaire a infligé de très lourdes peines à des marins qu'on avait envoyés en 1919 bombarder Odessa au mépris des règles du droit international, et qui s'étaient mutinés. Une campagne s'éleva en leur faveur, et, à la demande du frère du principal condamné, <u>André Marty</u>, Paul Langevin accepta de présider un grand meeting de protestation. Mais la perspective, si inhabituelle pour lui, d'avoir à s'exprimer dans une immense salle, devant un nombreux public populaire, lui apparut comme une réelle épreuve : car ce prestigieux professeur n'avait rien d'un tribun. Aussi, après une minutieuse étude du dossier, rédigea-t-il entièrement son intervention, dont le préambule témoigne de manière significative de l'attitude du savant envers les hommes et devant la vie:

"L'effort de comprendre et surtout celui de sentir en commun, le souci pour chacun de pénétrer les sentiments et les mobiles des autres hommes sont les liens nécessaires pour la constitution intime d'une société humaine. A l'oeuvre de destruction, de mensonge et de haine, il nous faut, de toutes nos forces, opposer celle de travail, de lumière et d'amour. Les « marins de la Mer noire » expient durement un geste de révolte d'un instant, commis dans des circonstances particulièrement atténuantes même au point de vue de la prompte et brutale justice militaire".

Rappelant alors les conditions matérielles effroyables dans lesquelles se trouvaient ces hommes, mal nourris et mal vêtus par des froids intenses, et retenus loin de leurs foyers au terme d'une guerre particulièrement dure, Paul Langevin poursuit:

"Les conditions morales étaient pires encore. La guerre était finie, et aucune raison légale ne pouvait être invoquée pour les envoyer combattre un pays dans lequel se passaient des évènements mal connus (mais) qui apparaissaient à beaucoup d'entre eux comme l'aube un peu voilée, et d'autant plus belle peut-être, d'un jour nouveau si longtemps attendu. IL N'EST PAS FACILE DE CONSTITUER ET DE MAINTENIR UNE FORCE INCONSCIENTE ET BRUTALE DANS UNE SOCIÉTÉ OU UN PEU DE LUMIÈRE A COMMENCÉ DE PÉNÉTRER" [16].

Dès lors, Paul Langevin était politiquement marqué. Si son autorité scientifique incontestée n'en pouvait souffrir, du moins la réprobation tacite de certains collègues non engagés lui valut-elle quelques désagréments, et, sans nul doute, un long retard à son élection à l'Institut de France, où il ne devait entrer qu'en 1934 — après avoir reçu bien des distinctions de la part d'Académies étrangères! Désormais, son existence quotidienne est littéralement envahie de sollicitations de toute nature, d'autant plus nombreuses qu'il n'évince aucun importun, et ne sait jamais refuser son appui ou son concours pour une cause qui lui paraît juste. C'est ainsi que, vers la fin des années vingt, se montait à plusieurs dizaines la liste des associations dont il était membre actif, ou même président effectif. Pressentant de plus en plus clairement l'effroyable danger d'une éventuelle guerre chimique et bactériologique, il réunit une importante documentation et prend à tâche d'apporter l'information la plus large sur la très fallacieuse protection proposée par les marchands de masques à gaz. Souvent, appelé par de nombreuses sections locales de la LDH, dont il est devenu l'un des membres les plus écoutés, il va le dimanche — parfois entre deux nuits de train — faire sur ce sujet des conférences en province. Pour lui, le plus sûr moyen de parer au danger de guerre est que les peuples soient mis en mesure de conduire eux-mêmes leur destin : aussi voit-il dans les progrès de la culture populaire l'un des facteurs essentiels de la solution des problèmes sociaux et internationaux.

C'est dans cet esprit qu'il s'intéresse de plus en plus aux organismes éducatifs : il accepte en 1922 la présidence de la Société française de pédagogie, où pendant une quinzaine d'années il s'efforcera de favoriser les contacts entre les instituteurs et les maîtres de l'Université. Lui-même y fera souvent des conférences du plus haut intérêt — dont un petit nombre seulement ont été conservées — où il souligne le caractère trop étroitement utilitaire de l'enseignement français, en particulier le dogmatisme du secondaire, si contraire au développement de l'esprit. Nommé en 1925 directeur de l'Ecole à laquelle il a déjà consacré tant d'efforts, il y accroît sans cesse le niveau des connaissances générales afin de former des ingénieurs éclairés sur les questions les plus actuelles de la science, et obtient certaines équivalences à des examens de faculté. Au lendemain de sa disparition, l'établissement sera élevé au rang d'Ecole supérieure de physique et de chimie.

Tant d'obligations et de charges diverses venaient ajouter un surcroît de fatigue au patient travail de réflexion qu'exigeait le haut enseignement du Collège de France, dans une période où, en raison du rapide développement des théories physiques, les difficultés en devenaient de plus en plus ardues. Dès le lendemain de la guerre, le monde savant avait eu à connaître de récents travaux qu'Einstein avait publiés en Suisse, où il avait dû se réfugier à la suite de son opposition au manifeste des intellectuels pangermanistes. Il s'agissait de la relativité généralisée, qui impliquait un bouleversement des notions plus profond encore que celui du temps relatif. Einstein montrait que l'espace n'est pas non plus la donnée absolue qu'avaient imposée à l'esprit humain des habitudes ancestrales, mais que ses propriétés dépendaient de tout ce qui s'y trouve contenu — ce qui exigeait l'abandon du caractère euclidien de la géométrie. Il y avait là une véritable révolution des concepts, et les objections furent encore plus véhémentes que précédemment. Apercevant aussitôt l'immense portée de cette nouvelle théorie pour l'avenir de la physique, Paul Langevin s'en fit vraiment l'apôtre dans son enseignement, et mena pendant des années ce que ses élèves appelèrent la bataille de la relativité. A cette lutte s'en ajoutait une autre d'un caractère tout différent. Un chauvinisme exacerbé sévissait dans toutes les nations et, chez les vainqueurs, s'étendait même à ceux qui, comme Einstein, avaient dans l'autre camp osé dénoncer la guerre et encourager la démocratie. Et lorsqu'en 1922, désireux d'honorer en son ami à la fois le génie et le courage, Paul Langevin jugea opportun de le faire inviter à présenter ses derniers travaux au Collège de France, ce ne fut pas sans rencontrer bien des réticences de la part de certains de ses collègues. Einstein obtint pourtant à Paris un grand succès, mais des précautions spéciales avaient dû être prises pour le protéger des trublions acharnés de l'Action française[17].

L'année suivante, Paul Langevin fit preuve d'un courage civique plus grand encore en acceptant d'aller à Berlin pour prendre la parole, au côté d'Einstein, dans des meetings socialistes. Cela leur fut d'ailleurs interdit à tous deux par le préfet de police de la ville ; mais Paul Langevin put faire lire en sa présence la traduction de ses interventions. Sur le plan scientifique, il rencontrait des difficultés analogues du côté de l'administration Solvay où, malgré sa notoriété grandissante, il ne réussit à faire inviter Einstein qu'au deuxième colloque d'après-guerre, en 1924. Mais les théories physiques se développaient dans tous les pays à un rythme si rapide qu'une confrontation générale devenait indispensable ; et l'on dut en 1927 réunir à nouveau l'équipe internationale toute entière. Ce fut l'un des Conseils les plus importants, et les discussions y furent particulièrement animées sur la nouvelle grande crise de la physique, celle des quanta, alors en pleine évolution. La notion de quantum introduite en 1900 par Max Planck pour interpréter les lois expérimentales de l'équilibre thermique à l'intérieur d'un four, et celle de photon — ou corpuscule de lumière — proposée par Einstein en 1905, se trouvaient en contradiction flagrante avec la théorie électromagnétique classique, domaine du continu, et avaient engendré une double série de travaux qui devaient aboutir à une synthèse nouvelle. Des vérifications expérimentales aussi frappantes que l'effet Compton confirmèrent la dualité de structure de la lumière : aspect ondulatoire et aspect corpusculaire, les ondes déterminant en chaque point la probabilité de présence des photons. Il se trouva que, par une démarche inverse, l'étude des systèmes atomiques conduisit à admettre pour la matière la même dualité de structure. L'idée fort originale d'« ondes matérielles » fut émise, on le sait, par Louis de Broglie en 1924. Il alla tout naturellement la soumettre à Paul Langevin, que sa haute compétence et sa remarquable clairvoyance de jugement avaient consacré comme le véritable « maître à penser » de la physique française. Un peu déconcerté tout d'abord par une conception aussi singulière, celui-ci n'avait pas tardé à y entrevoir les perspectives d'avenir d'une synthèse nouvelle. Aussitôt il envoya ce travail à Einstein, et un peu plus tard fit inviter Louis de Broglie au prochain Conseil Solvay. Développée mathématiquement par Schrödinger, cette idée aboutit à la création de la « mécanique ondulatoire » qui permit l'interprétation complète des spectres atomiques. Fait remarquable, une éclatante confirmation était donnée, précisément en 1927 par <u>Davisson</u> et <u>Germer</u>, qui obtenaient des figures de diffraction électroniques tout à fait analogues à celles de diffraction optique de <u>Laue</u>.

Parallèlement à cette théorie explicative, une construction purement abstraite de <u>Heisenberg</u> interprétait complètement les raies spectrales par les valeurs propres des matrices infinies. Mais en même temps, cet auteur, analysant la perturbation produite par toute mesure sur le phénomène mesuré, montrait que cette action, négligeable à notre échelle, prend au niveau de l'atome des proportions considérables, puisqu'elle peut aboutir à l'expulsion d'un électron par un seul photon. Heisenberg en déduisait que l'« observation » des phénomènes intra-atomiques n'a aucun sens expérimental, et il énonçait son « principe d'indétermination » : le comportement individuel des corpuscules échappe à toute prévision. Dans les discussions véhémentes de 1927 et dans celles qui suivirent, le monde savant se trouva dès lors divisé en deux camps : celui des « idéalistes », dont Bohr, <u>Dirac</u>, <u>Pauli</u> (avec les philosophes <u>Jeans</u> et <u>Eddington</u>), tenants du « libre-arbitre » des électrons — et, par extension, de toute la nature! —, et celui des « matérialistes » dont les plus éminents étaient Lorentz, Einstein et Paul Langevin, convaincus, selon l'expression de ce dernier, que « le réel préexiste » en dehors de toute image conçue par notre esprit à chaque étape de l'expérimentation. Paul Langevin se lance alors résolument dans la « bataille du déterminisme ». A ses cours sur la mécanique ondulatoire et la physique quantique assistent à nouveau souvent des philosophes ; et il fait aussi de nombreuses conférences dans lesquelles il développe son point de vue sur ce problème si fondamental : nous devons faire l'effort de nous abstraire de la notion anthropomorphique d'« objet », de renoncer à concevoir comme tels les « soi-disant corpuscules » intra-atomiques ; dans ce domaine nouveau, seuls les états stationnaires de la mécanique ondulatoire peuvent être individualisés, ainsi que le confirme le succès des nouvelles statistiques de Bose-Einstein et de Pauli-Fermi, dans lesquelles les diverses particules correspondant à un même degré d'excitation de l'atome sont considérées comme indiscernables. Selon les propres termes de Paul Langevin : « on ne saurait suivre dans son comportement un objet qui n'existe pas, et encore moins le considérer comme libre »!

Dans la ligne de cette foi en « l'intelligibilité du monde, ressort essentiel de la science », Paul Langevin fondait en 1930 avec le doyen Henri Roger l'Union rationaliste, dont le but était de « défendre au grand jour les droits de la raison (et de) propager la confiance dans l'effort scientifique et le progrès humain ». Il fit dans les années trente plusieurs importantes conférences, dont une série inaugurale très remarquable précisément sur « La Science et le déterminisme » : nous n'en possédons malheureusement que nos notes personnelles incomplètes. A la mort de Henri Roger en 1938, il devait lui succéder à la présidence de cette association, qu'il anima à nouveau après la guerre.

La période qui s'étend de 1927 à 1933 fut sans aucun doute, dans la vie du savant, celle qui lui apporta les plus riches satisfactions de tous ordres. Le président Hendrik Antoon Lorentz ayant disparu, au profond regret de tous, un an après le mémorable Conseil de 1927, c'est Paul Langevin qui fut désigné à l'unanimité pour le remplacer. Ce choix avait d'ailleurs été envisagé du vivant de Lorentz en vue d'un rajeunissement du Comité, et Marcel Brillouin, dans une lettre du 1er juin 1919, avait exprimé ainsi son sentiment :

"De cette génération, c'est Langevin qui a l'instruction profonde, la lecture rapide, le solide bon sens, mitigé d'enthousiasme : c'est lui qui fournit à tous ses contemporains toutes les notions précises et profondes, filtrées pour ainsi dire, qu'ils utilisent pour leurs travaux".

Paul Langevin assuma cette charge nouvelle avec sa haute conscience habituelle. Il entreprit aussitôt la préparation du Conseil prévu pour 1930, assurant lui-même la traduction en deux langues et l'envoi à chaque participant des rapports toujours plus complexes qui devaient servir de base aux discussions. Ce Conseil, qui réunit tous les spécialistes du magnétisme, fut pleinement réussi. Et le président reçut aussi des marques de haute considération de la part des souverains belges, qui accueillaient toujours le Comité pour un dîner de clôture. Il admirait beaucoup la reine, et, à ses intimes, parlait souvent — non sans une fierté malicieuse — de « (son) amie Elisabeth », dont il appréciait à la fois le charme, l'intelligence et les opinions libérales.

En cette période d'intense activité lui venaient des grandes Universités du monde entier les plus hautes distinctions honorifiques, et aussi de nombreuses sollicitations pour des conférences. Il eut ainsi l'heureuse occasion de visiter bien des pays. La rupture avec le surmenage habituel lui apportait chaque fois une salutaire détente, car il possédait une remarquable aptitude à s'abstraire des soucis quotidiens aussitôt qu'il en était éloigné, et à profiter pleinement de tout ce qui s'offrait à sa curiosité d'esprit. Il connut ainsi l'Espagne, le Portugal, la Hongrie, la Tchécoslovaquie. Pendant les étés de 1927 et 1928, il séjourne en Amérique du Sud, où — donnant trente-huit conférences en deux mois! — il séduit les étudiants par son étonnante jeunesse de caractère : à la fin d'un grand dîner d'adieu, il entonne pour eux des chansons estudiantines françaises. En 1928 et 1929, il est chaleureusement accueilli en URSS comme l'un des artisans les plus actifs du rapprochement franco-soviétique ; il y visite de grands laboratoires, va jusqu'en Géorgie, et s'intéresse vivement aux progrès accomplis en quelques années, tout spécialement en ce qui concerne l'éducation de la jeunesse. Mais, de tous, le voyage qui lui apporta les joies les plus vives fut celui qu'il accomplit en Chine en 1931-1932 comme membre français d'une mission culturelle d'experts, sollicitée auprès de la SDN par cet immense pays aux cinquante millions d'enfants d'âge scolaire qui posaient aux dirigeants des problèmes fort complexes.

Appréciant les efforts déjà accomplis, il conseille avec bienveillance bien plus qu'il ne critique ; et la mission, d'un commun accord, recommande de préserver, au travers des indispensables progrès techniques, les dons remarquables qui se manifestent dans toute la jeunesse, jusque dans les campagnes les plus reculées. Là, Paul Langevin est particulièrement sensible à l'atmosphère de joyeuse confiance qui règne entre les enfants et leurs maîtres, malgré les conditions fort difficiles qui exigent de ceux-ci une véritable abnégation. Il admire intensément la beauté des grands paysages de Chine et tous les trésors d'art accumulés au cours des siècles ; et, recevant partout les marques de l'exquise politesse chinoise, il apprécie plus encore, peut-être, la richesse intellectuelle et morale de cette vieille civilisation pleine de sagesse, avec laquelle il se sent en affinité profonde car les vertus fondamentales en sont celles qui concernent les relations entre les hommes. Ne dédaignant rien de ce que la vie offre de bon, il goûte en fin gastronome la cuisine chinoise, qui lui semble aussi raffinée que la nôtre. Il a été tellement séduit par l'admirable ville de Pékin qu'il accepte avec joie, à la fin de la mission, d'y retourner passer un mois pour donner des conférences. Un seul point noir dans ce beau ciel de Chine : le déchaînement de barbarie que constituent les attaques japonaises sur les grands ports, en la présence impassible des navires d'Occident. Là-devant, son indignation est profonde, et il ne l'oubliera jamais. Ce voyage fut le dernier que Paul Langevin put accomplir au loin à des fins purement culturelles, et dont il goûta encore pleinement la joie... au point de souhaiter le renouveler en emmenant ses enfants et ses meilleurs amis!

A son retour en Europe, au début de 1932, le climat s'était déjà assombri, et devait lui laisser de moins en moins de liberté d'esprit. Cette mission en Chine lui avait donné l'occasion de préciser encore sa pensée sur la culture générale, les humanités et le rôle social de la science, sujets qu'il développa par la suite dans maints articles et conférences. Il reviendra souvent sur cette idée que le grave déséquilibre de la vie collective tient au retard qu'a pris la Justice sur la Science:

"Les Grecs, qui avaient fait de Minerve la déesse commune à ces deux aspects de l'effort humain, voulaient sans doute signifier par là, que l'un ne va pas sans l'autre, et que l'humanité souffre dès que les moyens d'action créés par la science ne sont pas exclusivement mis au service de la Justice"[18].

Quels que soient les effroyables moyens de destruction fournis par la technique, il ne s'agit donc pas d'enchaîner la Science comme le fut Prométhée pour avoir donné le feu aux hommes, mais au contraire de poursuivre les progrès qu'elle a permis dans bien des domaines, et de s'inspirer de son esprit et de ses méthodes pour créer une véritable Justice qui permette de régler les problèmes humains entre les individus et entre les nations. Comparant volontiers le passé « récent » de la Terre à l'immense avenir qui s'étend devant nous, il trouve dans la « jeunesse » même de l'espèce humaine de profondes raisons d'espérer. Pourtant, les circonstances allaient s'aggravant, et dès 1932 on relève dans le discours d'ouverture au Congrès d'Education nouvelle de Nice, ces phrases significatives:

"Nous traversons une période particulièrement difficile, importante et décisive. Je considère que ceux qui ont eu la bonne fortune d'une formation scientifique ne peuvent se désintéresser de ce qui se passe au dehors, bien qu'il soit plus confortable de rester DANS LA PAIX DES LABORATOIRES, bien que jamais les progrès de la science pure et de ses applications d'ordre matériel n'aient été plus rapides ni plus attachants"[19].

Au fur et à mesure qu'il voit grandir le danger fasciste, Paul Langevin comprend que l'action isolée ne peut plus être vraiment efficace. Sans pouvoir faire ici un historique, même succint, des remous politiques et des luttes sociales qui, en cette période tourmentée, furent intimement mêlées à la défense des libertés et à la lutte antifasciste, rappelons, en raison de ses conséquences, l'émeute à main armée de factieux d'extrême-droite qui, le 6 février 1934, s'attaqua au Parlement français et faillit s'emparer du pouvoir. A cette émeute sanglante qui plongea le pays dans la stupeur répondit en quelques jours, avec une extraordinaire spontanéité, une immense manifestation démocratique dans la France entière : prélude au gouvernement d'unité qui, sous le nom de « Front populaire », devait s'instaurer deux ans plus tard. A l'imposant défilé organisé à Paris par des formations de toutes tendances, prirent part les intellectuels de gauche, que les militants ouvriers se montraient du doigt tant le fait était inusité ; parmi eux Paul Langevin. Ce moment marque l'engagement décisif du savant dans la lutte extérieure, son renoncement définitif à la « paix des laboratoires » : en effet, les sollicitations du dehors, tant individuelles, que collectives, se font de plus en plus pressantes. Sur le plan individuel, c'est bientôt l'incessant défilé de réfugiés politiques de toutes provenances, qui savent trouver auprès de lui une aide souvent efficace, et toujours un réconfortant accueil. Jamais il n'écourta d'un geste les confidences prolongées qui lui faisaient perdre un temps précieux. Et combien de fois, devant certains cas difficiles, sa bourse s'ouvrit-elle spontanément pour une aide « momentanée » qui, presque toujours, devint définitive!

Sur le plan collectif, parmi les groupements auxquels Paul Langevin donna la participation la plus active, en dehors de la LDH, il faut mentionner le Comité de vigilance des Intellectuels antifascistes (CVIA), dans la formation duquel, au lendemain de février 1934, il joua un rôle de premier plan ; et le Comité mondial de lutte contre la guerre et le fascisme[20], rassemblement international créé à l'appel de Romain Rolland et d'Henri Barbusse. Dans ces réunions, si différentes des assises scientifiques, et souvent tumultueuses, la présence du grand savant était d'autant plus précieuse à ses amis de combat que, se voulant plus persuasif qu'éloquent, il savait rester « passionné et sage, toujours calme dans la tempête de la dispute »[21]. Aussi faisait-on d'autant plus souvent appel à lui que la lutte devenait plus dure : au moment de la guerre d'Espagne, une faille se produisit, qui alla, s'aggravant, entre ceux qui voyaient clairement les redoutables conséquences des abandons successifs, et les « pacifistes intégraux » qui acceptaient la non-intervention dans les pays déjà victimes du fascisme, croyant ainsi éviter la catastrophe. Peu de mois avant sa mort, Paul Langevin rappelait en ces termes ce qu'avait été pour lui cette période dramatique :

"L'action est devenue particulièrement dure pour ceux qui avaient compris l'origine commune des difficultés du dehors et du dedans. Après avoir été en quelque sorte sensibilisé par ma présence en Chine au moment de l'agression japonaise sur la Mandchourie en 1931, et avoir souffert avec le peuple chinois, j'ai été de ceux qui ont souffert de manière toujours plus aiguë avec l'Ethiopie, l'Espagne, l'Autriche et la Tchécoslovaquie. Mais je compte parmi les heures les plus douloureuses de mon existence celles passées à lutter, au sein du CVIA, contre ceux, bien intentionnés pour la plupart, qui croyaient pouvoir en même temps combattre le fascisme dans notre pays et composer avec lui au dehors au nom d'un pacifisme aussi aveugle qu'intégral. Cet état d'esprit nous a valu le succès de Franco en Espagne et la honte de Munich[22]."

Plus qu'en toute autre peut-être, c'est dans cette lutte en faveur de la République espagnole que chaque épreuve l'atteignait, peut-on dire, en plein coeur. Tel soir, attendu pour dîner chez des intimes, il arriva sur le coup de 22 heures profondément bouleversé d'avoir, avec Victor Basch, multiplié tout le jour les démarches pour tenter d'obtenir, par l'intermédiaire des instances internationales, des garanties de protection pour les populations civiles de Madrid, dont la chute était imminente. En Angleterre, où la menace hitlérienne ne se précisait que plus lentement, l'influence de Paul Langevin détermina la fondation d'un groupe d'abord attaché surtout à la « défense de la liberté intellectuelle », mais qui ensuite s'orienta davantage vers la défense contre le fascisme montant. Lors d'un des voyages qu'il fit à Londres en cette période, il eut un long entretien avec Winston Churchill, et réussit à convaincre l'illustre Premier de l'imminence du danger qui pesait sur les Alliés. Cette tension continuelle, ces luttes, délibérées certes, mais pour lesquelles il n'était point fait, commençaient de porter sérieusement atteinte à sa santé, notamment du côté cardiaque. Les tâches du savant, cependant, demeuraient impérieuses, et il devait prendre sur ses nuits pour lire les nombreux et difficiles mémoires qui continuaient de paraître, et poursuivre son enseignement au Collège de France ainsi que la bataille du déterminisme. Mais il n'a plus le temps matériel d'accorder aux questions théoriques d'assez mûres réflexions pour y apporter des contributions personnelles ; et ce demi-abandon, vivement déploré par ses élèves, le place devant un constant et douloureux dilemme.

Après avoir assuré avec tout le soin nécessaire la publication des rapports du brillant Conseil Solvay de 1933, il assumait avec peine le lourd travail de préparation de celui de 1936, mais bien des défections s'annonçaient, et l'on dut décider de l'ajourner à 1939. Tous les rapports furent préparés et transmis ; mais le terrible conflit éclata près de la date fixée pour les réunions : et ces travaux ne furent publiés qu'après le Conseil de 1948, présidé par Frédéric Joliot plus d'un an après la disparition de son maître.

1939-1940. En France, pendant plusieurs mois, c'est la « drôle de guerre ». Après la signature du pacte germano-soviétique, le Parti communiste français est interdit, ses députés privés de leur mandats ; un certain nombre d'entre eux sont arrêtés et mis au droit commun. Quelques mois plus tard, lors de leur procès, Paul Langevin vient courageusement à la barre apporter un éclatant témoignage en leur faveur ; car il a souvent approuvé leur action pour la justice et pour la paix. Il s'est d'ailleurs peu à peu rapproché de leurs positions aussi du point de vue idéologique, en partie sous l'influence de son gendre Jacques Solomon, jeune et brillant physicien marxiste qui avait approfondi l'étude du matérialisme dialectique et s'en entretenait souvent avec son beau-père. Et celui-ci, qui avait toujours eu une instinctive défiance à l'égard des systèmes philosophiques, était frappé de constater combien la connaissance de la dialectique éclairait l'évolution de sa propre science, où « chaque contradiction ou opposition surmontée se traduit par un enrichissement nouveau »[23]. Cette évolution l'amènera quelques années plus tard à donner son adhésion au Parti communiste.

Mobilisé au titre scientifique dès le début des hostilités avec la charge de plusieurs laboratoires, et devant prévoir un repli éventuel, Paul Langevin met à profit l'illusoire répit des premiers mois de 1940 pour chercher un centre d'accueil dans les Universités du sud de la France. La catastrophe redoutée se produit : l'exode le trouve calme et ferme. Après la mise en sûreté des appareils de laboratoire les plus précieux, il assure à Toulouse, avec le concours d'amitiés dévouées, l'installation de tout son personnel. Il s'occupe de chacun, encourage, réconforte, trouvant le moyen de mettre de la bonne humeur au milieu de la plus mauvaise fortune. Hélas, au bout de quelques jours, c'est l'effondrement. Aux Français atterrés, une voix chevrotante annonce l'Armistice. Mais aussitôt après, une autre voix venant de loin, énergique celle-là : « La France a perdu une bataille ; elle n'a pas perdu la guerre... ». Un instant, Paul Langevin songe à partir pour l'Angleterre, mais il hésite, craignant des représailles pour les siens. Pourtant, pressé par des amis qui savent depuis longtemps qu'il est sur la « liste noire » des Allemands, il fait une tentative... trop tardive! Rappelé peu après par le Ministère, il rentre à Paris pour reprendre ses fonctions. Et, fin Octobre, après seulement deux cours au Collège de France, les nazis se présentent à l'Ecole. Incroyable mais vrai : rien n'a été prévu pour organiser sa fuite! Il ne songe d'ailleurs pas à se dérober. Emmené par un itinéraire aberrant, mis au secret dans une cellule de droit commun, pendant trois semaines privé de lumière, de lecture, de matériel pour écrire, il fait des calculs sur des papiers de fortune avec des bouts d'allumettes trempés dans une poudre de charbon obtenue du médecin de la prison, et s'astreint quotidiennement à des exercices physiques. Son courage et sa patience font l'admiration des gardiens, heureusement français, par qui on apprend où il se trouve. Après ces semaines d'attente anxieuse, il subit un long interrogatoire auquel il fait de fières réponses. On l'accuse d'être « aussi dangereux pour l'hitlérisme que les philosophes français du XVIIIème siècle l'ont été pour la monarchie ». Quoi de plus flatteur pour un grand penseur? Paul Langevin en sourira souvent en rappelant ces instants. Cette arrestation — la première en date parmi celles de grands intellectuels — donne le signal de la résistance universitaire. Plusieurs collègues protestent ; Joliot, qui est depuis peu d'années professeur au Collège de France, suspend son cours ; des manifestations d'étudiants et de lycéens s'organisent et sont sévèrement réprimées. Plusieurs pays neutres : Suisse, URSS, USA, envoient des invitations officielles à recevoir le grand savant. Devant cette unanimité, les Allemands hésitent, puis libèrent Paul Langevin, mais pour le reléguer aussitôt dans une petite ville de l'Est où il sera astreint à se présenter deux fois par semaine à la Gestapo, et n'aura pas le droit de franchir les limites du département. Renchérissant sur l'occupant, le gouvernement de Vichy le destitue de ses fonctions.

Après six semaines de cellule, à Troyes l'amélioration est sensible. L'appartement qui lui est affecté (celui, réquisitionné, d'un israélite en fuite) est clair et bien chauffé ; et les visites de parents et d'amis venant de Paris ne sont pas interdites. Bientôt les milieux enseignants de la ville se groupent autour de Paul Langevin, l'entourent d'amitié et de respect. Les instituteurs du département, en particulier, lui prouvent leur reconnaissance : souvent, en rentrant de promenade, il trouve à sa porte un colis, parfois anonyme, de denrées princières en ces temps de disette, dont il est heureux de faire profiter ses visiteurs parisiens émerveillés par cette abondance! Et il leur prépare lui-même, avec un soin minutieux, le « vrai » café dont ils ont réussi à lui apporter un petit sac. Mais quel contraste entre ce repos forcé et la vie surmenée des dernières années! Pour meubler ses loisirs, le savant lit beaucoup et revient à ses travaux théoriques de prédilection, longtemps délaissés (théorie des ions, chocs entre particules). Il couvre de nouveau, de sa fine et claire écriture, de nombreux cahiers de calculs que n'entache presque aucune rature, et il enverra plusieurs communications à l'Académie des sciences. A la stupéfaction de Joliot, quelques jours lui suffisent pour élucider un très difficile problème sur les chocs entre neutrons et noyaux atomiques, dont une équipe de jeunes mathématiciens n'a pu venir à bout. Et il élabore en cette période la théorie d'un nouvel « Analyseur de mobilités des ions gazeux », qui donnera lieu, bien peu d'années après, à une importante publication posthume. Saisissant aussi une occasion d'enseigner qui lui paraît utile, il s'offre à faire un cours aux élèves-maîtresses de l'Ecole normale du département, qui, avec leurs professeurs, reçoivent cet enseignement avec l'enthousiasme qu'on imagine. Il confectionne à cet effet des modèles d'atomes avec des balles de ping-pong, et dresse en un grand tableau une nouvelle classification des éléments, qu'il a conçue. Les amis troyens de Paul Langevin apprécient chaque jour davantage le rare bonheur d'approcher sans contrainte cet homme à la fois si grand et si simple, dont l'accueil chaleureux, la conversation passionnante et le réconfortant optimisme sont une joie toujours renouvelée. Dans les moments de détente, on découvre en lui une gaîté spontanée, volontiers malicieuse quoique toujours bienveillante, qui s'exprime par ce rire franc des être purs, si bienfaisant aux coeurs inquiets. Cependant, pour le vieil homme, les meilleures périodes sont celles des vacances scolaires, où il a le bonheur d'avoir près de lui son dernier fils, dont la vivacité d'esprit et les réparties font sa joie. Il retrouve toute sa jeunesse de coeur pour éveiller les dons de l'enfant, imagine à son intention de petites expériences éducatives, l'initie déjà à certaines démonstrations mathématiques, et l'emmène à travers champs et forêts, ou à la découverte des vestiges archéologiques de la région.

En 1942, une épreuve cruelle atteint Paul Langevin : sa fille et son gendre Jacques Solomon, surveillés depuis de longs mois par la Gestapo comme résistants et communistes, sont arrêtés. Après quelques semaines, Jacques Solomon est fusillé, sa femme déportée à Auschwitz. C'est un coup terrible pour cet homme de soixante-dix ans dont le coeur a besoin de ménagements. Pourtant, en dépit de l'angoisse qui l'étreint, il conserve intacte sa confiance en des jours meilleurs, et sa patience reste inaltérable. Mais son pas alerte s'est ralenti, et il doit désormais éviter toute fatigue.

Le temps passe. La défaite allemande s'annonce proche ; mais le risque grandit pour le savant qui peut, au dernier moment, représenter un otage de choix. Au printemps de 1944, des amis organisent sa fuite. Après une dernière signature, muni d'une carte d'identité au nom de Léon Pinel (son grand-père maternel), il prend le train pour Paris où il passe deux jours incognito. Puis le groupe de résistants qui l'a pris en charge le conduit jusqu'en Suisse, où il retrouve enfin la liberté dont il était privé depuis plus de quarante mois. Hébergé chez un collègue, honoré bientôt d'une pension du gouvernement helvétique, il jouit de l'air bienfaisant de ce paisible pays, et y rencontre bien des amis : entre autres, Irène Joliot-Curie et ses enfants, réfugiés à Genève, et Paul Dupuy, son ancien sous-directeur de l'Ecole normale supérieure, vieil homme qui avait gardé de cet exceptionnel cacique un souvenir touchant. Chaleureusement accueilli quelques jours au sanatorium universitaire de Leysin (Vaud), il y retrouve avec bonheur un tableau noir, pour la joie des jeunes convalescents auxquels il donne deux passionnantes conférences. Cependant, les communications avec la France sont difficiles, et les nouvelles privées restent rares jusqu'à la fin.

La Libération de Paris, le 21 août 1944, marque une date décisive pour les réfugiés français. Mais de l'autre côté de la frontière, les partisans livrent de durs combats, et Paul Langevin doit attendre un mois encore avant de fouler le sol national. Accueilli alors avec enthousiasme par les maquisards en armes, l'émotion qui l'étreint en cette minute est si forte qu'il peut à peine parler le long du trajet vers Annecy où, après lui avoir rendu les honneurs militaires, les francs-tireurs de Haute-Savoie lui font une chaleureuse réception. Le lendemain, après un arrêt à Lyon où il accepte de prononcer une brève allocution à la radio, on fait sur sa demande un détour par Troyes où il tient à embrasser ses amis... qui ne le reverront plus dans leur ville. Au lendemain de son retour dans la capitale, son premier acte public est de s'inscrire au Parti communiste, « pour y remplacer », dit-il, son « fils spirituel » Jacques Solomon : décision qui entraînera pour lui un surcroît de responsabilités, notamment par son élection comme Conseiller de Paris. Tant d'émotions ont eu raison de ses forces défaillantes, et il doit observer quelque temps un repos absolu. Mais, réintégré dans ses fonctions, dès qu'il regagne son bureau, les sollicitations affluent à nouveau de toutes parts. Alors reprend pour lui, en dépit de son extrême fatigue, une existence incroyablement surmenée à laquelle il fait face avec une inlassable constance dont, en ses derniers jours seulement, on comprendra qu'elle avait été véritablement héroïque. Il assume à nouveau les présidences d'avant la tourmente, auxquelles s'ajoutent celles d'associations nées de la Résistance, qui tiennent à honorer en lui le grand patriote si durement éprouvé ; et il se fait un devoir de remplacer à celle de la LDH son vieux compagnon de lutte Victor Basch qui, à plus de quatre-vingts ans, a été, avec sa femme, sauvagement assassiné peu avant la Libération. Dès la fin de 1944, avec ses amis progressistes, il redonne vie à « La Pensée », revue qu'il avait créée en 1939 et dont la publication s'était poursuivie dans la clandestinité sous le titre de « Pensée libre ». Lui-même y écrira divers articles, dont « L'Ere des transmutations ». Enfin et surtout il se voit confier une tâche d'importance primordiale, à laquelle il va consacrer ses dernières forces : la présidence de la Commission ministérielle pour la Réforme de l'enseignement, créée en novembre 1944. Cette grande mission répond à l'une des préoccupations majeures de toute son existence, à laquelle il a mûrement réfléchi durant ses années d'exil. Comme dans tous les pays, la reconstruction imposait une complète refonte du système d'éducation ; celui de la France, essentiellement organisé pour former une élite d'intellectuels, laissait la majeure partie de la population dans un état de sous-développement qui ne pouvait plus répondre aux besoins urgents de la nation. Pendant deux ans, aidé de son ami ami Henri Wallon, psychologue de l'enfance, et entouré de collaborateurs soigneusement choisis dans toutes les disciplines et dans toutes les catégories d'enseignants, il animera d'une foi ardente l'élaboration d'un vaste et audacieux plan qui sera discuté dans tous ses détails au cours de réunions hebdomadaires, sur le principe général d'une complète démocratisation et dans un souci essentiel de culture et d'humanisme. Nous n'en pouvons donner ici qu'un rapide aperçu :

Tous les enfants doivent recevoir une formation de base commune leur offrant un grand choix d'activités dans lesquelles puissent se manifester leurs goûts et leurs aptitudes. Une organisation souple des options devra faciliter à tous les niveaux les changements d'orientation souhaitables, jusqu'au complet développement de la personnalité. L'école devra veiller aussi à la formation du caractère, et, dans un esprit strictement laïque, à l'acquisition des vertus civiques fondamentales par une alternance judicieuse de travaux individuels et de travaux d'équipe qui permette à chacun d'assumer à tour de rôle diverses fonctions et responsabilités à sa mesure, sous la surveillance de maîtres agissant en guides et en conseillers plutôt qu'en censeurs autoritaires. Pour atteindre à la vraie culture générale, il faudra ouvrir largement l'école sur la nature et sur la vie, afin que chacun acquière « une conscience aussi claire que possible de la parenté des esprits et de la fraternité des oeuvres : c'est ce qui donne un sens au moindre des efforts, une portée humaine à la plus humble des activités ». On s'efforcera donc de « rattacher (peu à peu) les connaissances à leurs origines humaines » grâce à un enseignement historique de la civilisation — thème cher à Paul Langevin depuis le temps de ses études.

Et le grand savant accorda bien entendu une importance prépondérante à la formation des maîtres de tous degrés. Il la voulait commune jusqu'à l'Université, les spécialisations diverses d'ordre pédagogique intervenant seulement après la Licence. Et l'Université devait également dispenser aux adultes l'éducation permanente dans tous les domaines : principe qui n'a connu que ces toutes dernières années un début de mise en oeuvre. Paul Langevin mena à son terme cette oeuvre ultime, aboutissement de toute une vie d'efforts et de réflexion ; mais le temps ne lui fut pas donné d'en parachever la rédaction, dont la mise au point fut terminée par Henri Wallon en 1947. Malheureusement, ce vaste projet, qui exigeait à la fois une ferme volonté démocratique et un effort financier considérable, ne vit pas le jour : seuls un petit nombre d'essais furent pratiqués progressivement dans les classes secondaires de quelques « lycées pilotes », où ils donnèrent d'ailleurs les plus heureux résultats. Déplorable abandon, dont le hardi novateur eût été ulcéré, et qui est sans nul doute à l'origine de bien des difficultés récentes! En ces deux dernières années d'une existence si généreusement remplie, accablé d'une lassitude dont la cause profonde (une leucémie) fut diagnostiquée in extremis, Paul Langevin se prenait parfois à aspirer à un repos bien gagné, ainsi qu'il s'en ouvrit à son ami Einstein dans la dernière lettre qu'il lui écrivit (25 janvier 1946) : « L'état de mon coeur se ressent de toutes ces épreuves et je ne puis qu'aspirer au repos relatif qui me permettra de mettre en ordre les quelques idées que je puis avoir encore ». Le projet auquel il faisait allusion avec une aussi admirable modestie consistait à rassembler sous une forme plus achevée qu'en ses divers écrits ou discours les préoccupations essentielles qui avaient dominé sa vie, et d'y traduire son indéfectible espérance en un avenir meilleur pour l'humanité. On ne saurait trop déplorer qu'il n'ait eu ni la force ni le temps de laisser à la postérité ce qui eût représenté un précieux document d'éthique et d'humanisme modernes, fondé sur des bases rationnelles et libres de toute mystique. L'ébauche de ce testament spirituel se trouve dans le texte de sa dernière conférence, prononcée en mai 1946 sous le titre « La Pensée et l'Action » bien significatif de la grande unité qui caractérise l'oeuvre et la vie d'un des esprits les plus profonds et les plus généreux de tous les temps.

Il y brosse un résumé de l'histoire des sciences dans leurs rapports avec les civilisations, et insiste longuement sur l'impérieux devoir qui s'impose désormais au savant de veiller à ce que ses découvertes ne soient plus utilisées à des fins destructrices, mais mises à la disposition de tous les hommes pour diminuer leur peine, accroître leurs loisirs et élever leur culture. Parmi les faits à retenir de cette ultime période, rappelons pour terminer le Jubilé de l'illustre savant, qui fut célébré le 3 mars 1945, sous l'égide de l'« Union française universitaire », par tous ses amis et admirateurs réunis dans le grand amphithéâtre de la Sorbonne. A cette cérémonie qui, malgré l'affluence, gardait un caractère intime, prirent part plus de quatre-vingt délégations représentant des millions de travailleurs intellectuels et manuels du monde entier. De nombreux télégrammes et messages arrivèrent aussi, de Londres, de Moscou, de Pékin. Il s'y trouva des signatures d'enfants d'écoles maternelles et de leurs éducatrices, aussi bien qu'une lettre touchante du vieux maître de l'Ecole normale supérieure, Marcel Brillouin, retenu au loin par ses quatre-vingt-dix ans. Après les allocutions et la lecture des messages, Paul Langevin, très ému, prit la parole pour exprimer à tous sa gratitude, évoquant les souvenirs de son existence, d'abord l'atmosphère familiale de son enfance, puis ses maîtres et ses amis les plus chers, disparus ou présents ; enfin, brièvement, les étapes de la carrière au cours de laquelle il avait connu « les grandes joies de comprendre, d'enseigner et d'agir » : toutes joies que, sa vie entière, il s'était voué à rendre accessibles au plus grand nombre. Exprimant encore sa confiance en l'avenir de l'effort humain, il termina ainsi : « Cette confiance m'a constamment soutenu dans l'épreuve. Elle doit inspirer et soutenir notre volonté de défendre contre toute agression le trésor de culture et de civilisation lentement, douloureusement accumulé par nos ancêtres au cours des siècles sans nombre, et de le transmettre à nos enfants en y ajoutant toujours « UN PEU PLUS DE SCIENCE, UN PEU PLUS DE JUSTICE ET UN PEU PLUS D'AMOUR »[24]. Cet ultime message, il le renouvellera quelques heures seulement avant de s'éteindre à l'aube du 19 décembre 1946. A un petit nombre de fidèles compagnons de lutte admis quelques instants à son chevet, un dernier éclair illuminant ses yeux affaiblis, il adressa ces mots aussi ardemment qu'il le put: « La bonté... la bonté... pour la justice... par la science ».

On lui fit des funérailles nationales. Du Collège de France, à l'entrée duquel une chapelle ardente avait été dressée, un long cortège d'intellectuels et d'ouvriers — beaucoup venus de province, dont des mineurs du Nord en costume de travail, avec leur fanfare — l'accompagna, sur un épais tapis de neige, jusqu'au grand cimetière du Père-Lachaise, à l'autre extrémité de la capitale. Tout au long du parcours, en dépit d'un froid intense, le peuple de Paris, qu'il avait tant aimé, s'était massé pour ce dernier hommage. Deux ans plus tard, le 17 novembre 1948, vint la consécration suprême. Le gouvernement associa dans cet hommage Paul Langevin et Jean Perrin (dont les cendres avaient été ramenées des USA où il s'était réfugié pendant l'Occupation). Pendant une longue veillée dans le grand hall du Palais de la Découverte, drapé de bleu azur, où résonnèrent inlassablement la Marche funèbre de Beethoven et la Symphonie de César Franck, les amis et les admirateurs des deux savants se relayèrent pour une garde d'honneur auprès de leurs cercueils recouverts des couleurs de « la Patrie reconnaissante ». Au matin, précédées par la Garde républicaine, portées par des étudiants et suivies d'un long cortège d'officiels et d'amis, leurs dépouilles entrèrent au Panthéon...

Éliane Montel, agrégée de l'Université, secrétaire scientifique de Paul Langevin

1. ↑ De cette maison il ne reste aujourd'hui que la façade, à la suite d'un incendie qui détruisit récemment tout le Bateau-lavoir. Parmi les artistes et écrivains les plus connus qui vécurent en ces lieux, citons: Apollinaire, Max Jacob, Picasso, Renoir, Van Donghen,...
2. ↑ Préparateur, puis sous-directeur du laboratoire de Paul Langevin au Collège de France, plus tard professeur à la Sorbonne. *Bulletin de la Société française de physique*, janvier 1964.
3. ↑ Jacques Hadamard, *Paul Langevin au Collège de France*, La Pensée numéro 12, 1947, page 31.
4. ↑ Allocution de Paul Langevin au Jubilé du 3 mars 1945.
5. ↑ Epouse d'Aimé Cotton, condisciple de Paul Langevin à l'ENS. Elle était alors agrégée préparatrice à Sèvres, où elle fut plus tard directrice jusqu'à l'occupation nazie. *Paul Langevin maître de conférences à l'ENS de Sèvres*, La Pensée, numéro cité, page 41.
6. ↑ Les développements de la théorie du magnétisme de Langevin ont notamment donné lieu en novembre 1948 à un colloque international qui s'est tenu au Collège de France à l'occasion du transfert au Panthéon.
7. ↑ Bulletin de la Société française de physique, numéro cité, page 10.
8. ↑ Einstein, génial autodidacte, alors âgé de vingt-six ans, ingénieur du Polytechnicum de Zurich, était simple fonctionnaire à l'Office des brevets de Berne.
9. ↑ *Scientia*, numéro 3, 1911, pages 31-54.
10. ↑ *La Pensée*, numéro 161, 1972, page 41.
11. ↑ Ce qui a pu être retrouvé de leur correspondance a été présenté par Luce Langevin à l'occasion du centenaire de Paul Langevin, *La Pensée*, numéro 161, 1972, page 3.
12. ↑ Elèves de Paul Langevin à l'EPCI. Fernand Holweck, remarquable expérimentateur, fut arrêté par la Gestapo en décembre 1941 et torturé à mort.
13. ↑ *In memory of Paul Langevin*, Londres, 1947 (Porteous Ltd, Leman Street).
14. ↑ Allocution de Paul Langevin au Jubilé du 3 mars 1945.
15. ↑ André Langevin, *Paul Langevin, mon père*, Editeurs français réunis, Paris, 1971 (292 pages).

16. ↑ Intervention au meeting de Wagram, 1921. Des extraits ont été publiés par Paul Labérenne: *Paul Langevin, La Pensée et l'Action*, Editeurs français réunis, Paris, 1950.

17. ↑ *Action française* était entre les deux guerres l'un des principaux journaux réactionnaires ; le vocable s'appliqua également au mouvement d'extrême-droite.

18. ↑ Allocution de Paul Langevin au Jubilé du 3 mars 1945.

19. ↑ *Le Problème de la culture générale*. Discours publié dans *Pour l'Ere nouvelle* n° 81, octobre 1932.

20. ↑ Comité dit d'Amsterdam-Pleyel, en raison des lieux où se tinrent les deux premiers grands meetings, en 1932 et 1933.

21. ↑ Francis Jourdain, *Paul Langevin, le militant*, La Pensée, numéro 12, 1947, page 65.

22. ↑ *La Pensée et l'Action*, cf. note 2 de la page 202.

23. ↑ *Matérialisme mécaniste et matérialisme dialectique*, discours prononcé le 10 juin 1945 à l'occasion du deuxième centenaire de l'Encyclopédie, publié dans La Pensée, numéro cité, page 8.

24. ↑ *Hommage à Paul Langevin*, édité par l'Union française universitaire, mai 1945.